Dieta Mediterránea

Recetas mediterráneas deliciosas y saludables para el corazón para perder peso y llevar una vida saludable

(Los fundamentos de la formulación de un plan integral de pérdida de peso)

Antoni-Rico Serra

TABLA DE CONTENIDOS

Capítulo 1 : Compatible Con Los Endulzantes

Dietéticos Cetogénicos: 1

Ensalada Búlgara 15

Condimento De Especias 19

Sartén De Calabacín Picante 23

Ensalada De Calabacín Del Norte De África 25

Ensalada De Rúcula Y Pera Asiática 29

Pizza Con Salsa 32

Frittata De Tomate Y Brócoli 37

La Receta De Chuletas De Pavo Con Sésamo Y Pilaf

De Cuscús Israelí. 40

Pez Espada A La Parrilla 45

Quiche Lorraine 47

Rica Ensalada De Frutas Con Almendras 52

Judías Verdes Y Huevos 54

Ensalada De Garbanzos Con Menta 57

Ensalada De Farro 61

Shakshuka 65

Bolígrafos Con Brócoli 69

Capítulo 1 : Compatible Con Los Endulzantes Dietéticos Cetogénicos:

Todos entienden y conocen los elementos que deben restringirse durante una dieta cetogénica. Cualquier cosa alta en carbohidratos o procesada está prohibida en este popular plan de dieta. Los postres y los bocadillos sin sentido son los elementos más importantes que se reducen durante la cetosis y, si tiene un gusto por lo dulce, entonces esto podría ser lo más difícil de tratar. Sin embargo, todavía hay un salvador que puede proporcionarle un poco de gusto por lo dulce, sin interrumpir las restricciones de su dieta. Aquí están los 10 mejores edulcorantes que son muy bajos en carbohidratos, que son extremadamente bajos en carbohidratos y no le permitirán sobrepasar su límite de consumo de carbohidratos.

La stevia es un edulcorante natural y uno de los edulcorantes más cetogénicos disponibles. Es popular debido a su casi ausencia de calorías. Además, los estudios muestran que la stevia ayuda a reducir la glucosa, lo que obviamente aumenta la producción de cetonas y ayuda en la cetosis. Además, mientras reemplaza el azúcar por la stevia, debe saber que la stevia tiene un sabor más fuerte. Solo necesitas una cucharadita de stevia para sustituir una taza de azúcar blanco regular.

Este edulcorante artificial también es excelente para la dieta cetogénica. La sucralosa no se metaboliza, por lo que se elimina del organismo sin aportar hidratos de carbono ni calorías. Splenda es uno de los mejores edulcorantes cetogénicos a base de sucralosa actualmente disponibles en el mercado, así como también el más popular. La sucralosa debe almacenarse a temperaturas más frías, ya que la exposición a altas temperaturas y humedad puede promover la formación de compuestos nocivos.

El xilitol se encuentra comúnmente en las gomas de mascar sin azúcar y en los dulces, y es un alcohol de azúcar, un edulcorante que no daña la cetosis. Con solo 6 calorías por gramo, el xilitol le ofrece el mismo sabor que el azúcar común. Con una cucharadita de este edulcorante agregado a cualquiera de sus comidas, solo está consumiendo 8 gr de carbohidratos, lo cual es perfecto para una persona que hace la dieta cetogénica.

Carbohidratos

Dependiendo de su estructura química, los carbohidratos dietéticos más importantes se pueden clasificar como simples o complejos. Los carbohidratos simples, también conocidos como azúcares, consisten en monosacáridos como glucosa y fructosa y disacáridos como sacarosa, maltosa y lactosa. Los azúcares están presentes de forma natural en los alimentos primarios o, en forma refinada, utilizados como tales o incorporados en alimentos y bebidas (sacarosa, jarabe de glucosa con contenido variable en fructosa) para aumentar su agrado gracias a su sabor dulce. Los carbohidratos complejos, o polisacáridos, incluyen almidón y fibra dietética. El almidón consta de polímeros de glucosa lineales y ramificados en proporciones variables. El almidón es, en la dieta de un sujeto adulto sano, la principal fuente de hidratos de carbono disponibles para la absorción y utilizables por el metabolismo celular. El almidón resistente es un porcentaje variable pero generalmente limitado de almidón que no se puede asimilar. Otros carbohidratos complejos no disponibles incluyen celulosa, pectinas, hemicelulosas y una variedad de gomas y mucílagos derivados de diferentes fuentes. Estas sustancias, junto con la lignina se suelen definir con el término general de Fibra Dietética. Estas sustancias, junto con la lignina se suelen definir con el término general de Fibra Dietética.

Aunque la fibra dietética no puede clasificarse como un nutriente, sus efectos funcionales y metabólicos la convierten en un componente esencial de la dieta humana.

Además de aumentar la saciedad y mejorar la función intestinal y los trastornos asociados, el psyllium también aumenta la sensación de saciedad la introducción de la fibra en los alimentos se ha relacionado con la reducción del riesgo de importantes enfermedades crónico degenerativas, en particular el cáncer colorrectal. diabetes y enfermedades cardiovasculares.

Otras sustancias atribuibles a la estructura química de los carbohidratos son los alcoholes de azúcar. Los alcoholes de azúcar están presentes, además de en pequeñas cantidades en la fruta en un número creciente de alimentos hipocalóricos o acrogénicos, en particular dulces y chicles, donde reemplazan la totalidad de los azúcares disponibles.

En general, la cantidad de carbohidratos añadidos a la dieta humana es significativamente mayor que el nivel de "necesidad". En la dieta italiana, la proporción de energía satisfecha por los carbohidratos fue en 2 980-88 igual al 8 6% de la energía. La cantidad óptima de hidratos de carbono en la dieta no es fácil de definir, si bien el cumplimiento de las recomendaciones relativas a las necesidades de proteínas y lípidos llevaría el porcentaje de energía que puede derivarse de los hidratos de carbono a niveles que oscilan entre el 10 10 y el 610 % de la energía total de la dieta. dieta. Por ello, considerando también los posibles efectos negativos ligados al aumento del nivel de ingesta de lípidos de nuestra población, sería recomendable recomendar que al menos el 10 10 % de las necesidades energéticas sean aportadas por los hidratos de carbono. Dado que parte de la población adulta introduce calorías a partir de bebidas alcohólicas, un contenido en hidratos de carbono del 10 10 % permite, en caso de una ingesta de alcohol que no supere el 2 0% de la energía, introducir los aportes proteicos y lipídicos recomendados. Este objetivo debe alcanzarse gracias a un aumento del consumo de alimentos ricos en fibra o que contengan almidones de absorción lenta, mientras que debe contenerse la parte de energía derivada de los azúcares refinados.

En este sentido, es importante recordar que los azúcares simples están presentes en una variedad de alimentos primarios, como la leche, la fruta y ciertas verduras, que también son naturalmente ricos en vitaminas, minerales y/o fibra dietética. Por lo tanto, una dieta equilibrada y alta en fibra compuesta de alimentos comunes está indisolublemente ligada a una adición no menor de azúcares simples. Los azúcares no tienen ningún efecto negativo sobre el índice glucémico de la dieta en este contexto. Además, los azúcares mejoran la palatabilidad y aceptabilidad de las dietas altas en carbohidratos, especialmente en niños. Sin embargo, cabe señalar que los azúcares refinados además de aumentar la densidad energética de la dieta, son un factor de riesgo reconocido de caries dental. Por ello, el nivel de azúcares simples en la dieta no debe superar el 2 0-2 2% de la energía diaria, favoreciendo el consumo de frutas y verduras y limitando el consumo de sacarosa. Dado que la dieta del niño es generalmente más rica en azúcares simples que la del adulto, sobre el mayor consumo de leche, frutas, zumos de frutas y alimentos dulces, la presencia de azúcares simples puede ser aceptable en este grupo de edad hasta en un 2 10 -2 6%. de la energía, sin perjuicio de la recomendación de limitar el consumo de sacarosa y una correcta educación en higiene bucal.

Ensalada Búlgara

Ingredientes:

- 2 cda., 2 cdtas. de aceite de oliva
- 8 tazas de agua
- 4 cucharaditas de vinagre de vino tinto
- sal, al gusto

4 tazas de bulgur

- 2 cucharada de mantequilla
- 2 pepino, en trozos
- 1 eneldo de taza
- 1 taza de aceitunas negras, cortadas

por la mitad

Instrucciones:

1. En una cacerola, tostar el bulgur sobre una combinación de mantequilla y aceite de oliva.

2. Deje que los ingredientes se cocinen hasta que el bulgur se haya vuelto dorado y empiece a agrietarse.

3. Añada agua y sazone con sal.

4. Cúbralo todo y déjelo hervir a fuego lento durante unos 35 a 40 minutos o hasta que el bulgur esté tierno.
5. En un recipiente, combine los trozos de pepino con aceite de oliva, eneldo, vinagre de vino tinto y aceitunas negras. Mezclar todo bien.
6. Combina el pepino y el bulgur.

Condimento De Especias

Ingrediente

- cucharadita de sal
- cucharadita de pimentón ¼ cucharadita de cardamomo
- 4 cucharadas de curry en polvo
- 2 cucharada de comino en polvo
- 2 cucharadita de azúcar

Preparación

1. Combine los ingredientes y espolvoree el pescado antes de cocinarlo.

Garlic-Grilled Shrimp Skewers

Ingredientes:

- 1/7 taza de aceite de oliva
- 2 cucharada de orégano seco
- 2 1 libras de camarones
- Pimienta sal
- 2 cucharadita de pimentón
- Jugo de 2 limones
- 2 cucharaditas de pasta de ajo

Direcciones:

2. Pela los camarones y quita las vísceras.
3. Agregue todos los ingredientes al tazón y mezcle bien.

4. Cubra y coloque en el refrigerador durante aproximadamente 2 hora.

5. Ensarta los camarones marinados en las brochetas.

6. Caliente una sartén para grill a fuego medio-alto y rocíe con aceite en aerosol.

7. Coloque las brochetas de camarones en la sartén y hornee por unos 7 minutos.

8. Dar la vuelta a la mitad y hornear durante unos 10 a 15 minutos.

9. Sirve y disfruta.

Sartén De Calabacín Picante

Ingredientes:

- 2 jalapeño
- 12 oz de queso Cotija
- 4 tazas de tomates cherry
- Pimienta sal
- 1 cebolla
- 2 libra de calabacín
- 4 cucharadas de cilantro fresco
- 4 cucharadas de aceite de oliva
- 2 jugo de lima
- 2 cucharadita de ajo

Direcciones:

1. Cilantro, cebolla, calabacín, picado.
2. Ajo, jalapeño, picado.
3. Queso cotija, desmenuzado, tomates cherry, cortados por la mitad.
4. Caliente el aceite en una sartén a fuego medio.
5. Agrega el ajo y sofríe durante 6 0 segundos.
6. Agregue el calabacín y la cebolla y saltee durante 10 minutos.
7. Agregue el tomate y el jalapeño y cocine por unos 10 a 15 minutos.
8. Retire la sartén del fuego.

9. Espolvoree con cilantro, pimienta y sal, y revuelva bien.
10. Agregue jugo de limón y queso y revuelva bien.
11. Sirve y disfruta.

Ensalada De Calabacín Del Norte De África

Ingredientes:

- 2 cucharada de aceite de oliva virgen extra.
- 2 1 cucharadas de yogur natural bajo en grasa

- Queso feta desmenuzado
- Perejil finamente picado para decorar
- Sal y pimienta recién molida al gusto
- 2 libra de calabacines verdes firmes cortados en rodajas finas.
- 1 cucharadita de comino molido.
- 4 dientes de ajo fresco finamente picados.
- Zumo de 2 limón grande.

Direcciones:

1. Añade el calabacín en una cacerola grande y cuécelo al vapor durante unos 10 a 15 minutos, o hasta que esté tierno y crujiente.
2. Poner el calabacín bajo agua fría y escurrirlo bien.
3. Saca un bol grande y mezcla el comino, el aceite de oliva, el zumo de limón, el ajo y el yogur. Añade sal y pimienta al gusto.
4. Añadir el calabacín a la mezcla en el bol y mezclar suavemente.

5. Servir con queso feta y perejil como guarnición.

Ensalada De Rúcula Y Pera Asiática

Ingredientes

- Una pizca de polvo de ajo
- 2 bolsa de rúcula de 6 onzas
- 2 pera asiática madura pero firme, cortada a la mitad y sin corazón
- ½ taza de queso azul desmenuzado
- Sal y pimienta recién molida a gusto
- ¼ taza de jugo de pomelo fresco
- ¼ taza de jugo de naranja fresco

- 6 cucharadas de aceite de oliva extra virgen + suficiente para lloviznar
- Una pequeña chalota, finamente picada
- 30 almendras crudas, picadas

preparación

1. Bate los dos jugos, el aceite de oliva y la chalota, y déjalos aparte para casar los sabores.
2. En una pequeña sartén a fuego medio, añade las almendras picadas, el ajo en polvo y un chorrito de aceite de oliva.

3. Tostad las almendras pero no las queméis; dejadlas a un lado.
4. Dividir la rúcula en 8 porciones en los platos de ensalada.
5. Cortar la pera en 2 6 rodajas y cubrir cada plato de rúcula con 8 rodajas de pera. Rocíe cada ensalada con aderezo, incluyendo trozos de chalota.
6. Esparcir sobre el queso azul, las almendras tostadas, y sal y pimienta al gusto, y servir.

Pizza Con Salsa

ingredientes

- 2 lata (s) de salsa de tomate (o casera, ver receta)
- Pimienta de cayena (al gusto)
- 4 piezas de mozzarella
- 4 tomates
- Orégano (para espolvorear)
- Aceite de oliva (antes de servir)
- Masa de pizza
- 5-10 piezas Salsicce

preparación

1. Para la pizza con salsa, use la masa de pizza que compró o, mejor aún, haga la masa usted mismo.
2. Para hacer esto, use nuestra receta básica para masa de pizza.
3. Coloca la masa de pizza en una bandeja de horno forrada con papel de horno y gira el borde hacia arriba con los dedos para que surja la forma típica de la pizza.
4. Precalentar el horno a 250 ° C
5. Unte la masa de pizza con salsa de tomate.

6. Si te gusta un poco picante, puedes mezclar previamente la salsa de tomate con un poco de pimienta de cayena.
7. Cortar la salsa en rodajas finas y distribuir uniformemente sobre la pizza.
8. Lavar, cortar en cuartos o cortar en rodajas los tomates cóctel y cubrir también con ellos la pizza.
9. Si lo desea, cubra la pizza con salsicce con mozzarella, sazone con un poco de orégano y hornee en el horno durante unos 35 a 40 minutos, para que el borde

de la pizza esté crujiente y la mozzarella se derrita.

10. La pizza terminada con salsa se sirve mejor con una pequeña ensalada mediterránea.

Frittata De Tomate Y Brócoli

Ingredientes:

- • 2 tomate mediano picado
- • 1 cucharadita de pimienta en polvo
- • 2 aguacate pequeño pelado, deshuesado y rebanado
- 10 huevos batidos
- 2 cucharada de aceite de oliva
- 2 oz. de queso gouda desmenuzado
- 2 cabeza pequeña de brócoli separada en floretes

Preparación:

1. Colocar en un bol los huevos, el brócoli, el tomate, sal y pimienta y mezclar bien.
2. Añadir el queso y mezclar hasta se haya integrado bien a la mezcla.
3. Colocar una sartén para hornos a fuego medio.
4. Agregar aceite y mover la sartén para que el aceite lo cubra todo.
5. Verter la mezcla de huevo y cocinar hasta la mezcla tome firmeza por los lados.
6. Retirar del fuego.

7. Llevar al horno precalentado a 450F y hornear por 35 a 40 minutos o hasta que esté dorado.

8. Cortar y servir las porciones acompañadas de las rebanadas de aguacate.

La Receta De Chuletas De Pavo Con Sésamo Y Pilaf De Cuscús Israelí.

Ingredientes

- Chuletas de pechuga de pavo de 5-10 pulgadas de grosor 2 cucharada de semillas de sésamo
- 1 taza de harina para todo uso
- ¼ cucharadita de paprika 2 huevos, grandes
- ½ de cucharadita de pimienta de cayena

- Pimienta negra y sal kosher al gusto
- 8 rodajas de limón
- 1 cucharadita de aceite vegetal
- ½ taza de cebollas rojas, picadas 2 1 tazas de cuscús israelí
- ½ taza de perejil fresco de hoja plana, picado 2 tazas de caldo de pollo (bajo en sal_
- 2 taza de queso feta, desmenuzado
- 2 taza de pan rallado seco, fino

Instrucciones

1. Caliente 4 cucharadas de aceite a fuego medio-alto en una cacerola de 6 cuartos.

2. Agregue el cuscús y cocine por aproximadamente siete minutos o hasta que esté dorado.
3. Agregar el caldo de pollo y llevar a ebullición.
4. Cocine a fuego lento y cubra. Cocine esto durante unos 15 a 20 minutos hasta que el cuscús esté tierno y el líquido se absorba; retirar del fuego y mantener tapado.
5. Mientras tanto, en un recipiente poco profundo, combine el pan rallado, las semillas de sésamo, la pimienta de

cayena, 1 cucharadita de sal, ½ de cucharadita de pimienta y 1 cucharadita de paprika.

6. Batir los huevos en un recipiente poco profundo.

7. Ponga la harina en un tercer tazón poco profundo y agregue ½ de cucharadita de paprika y

8. ¼ de cucharadita de sal.

9. Pase cada una de las chuletas primero por la harina, luego por el huevo y luego por el pan rallado y transfiéralas a una fuente o bandeja para hornear.

Pez Espada A La Parrilla

INGREDIENTES:

2 limón

2 cucharadita de orégano

16 rodajas de pez espada

Sal y pimienta

4 dientes de ajo

6 cucharadas de aceite de oliva

PREPARACIÓN

1. Lavar las rodajas de pez espada y secarlas con papel de cocina.
2. Poner en un bol el aceite, los dientes de ajo pelados y triturados, el orégano, el jugo de medio limón, la sal y la pimienta. Ponga el pescado a marinar en la mezcla durante una hora.
3. Escúrralo y cocínelo en una parrilla caliente durante 5-10 minutos de cada lado. Pásalo a una sartén, espolvorea con marinada y cocina durante 10 minutos a fuego medio.

4. Servir el pescado bien decorado en caliente, al gusto, con perejil y rodajas de limón.

Quiche Lorraine

INGREDIENTES

- taza de mitad y mitad
- 6 cucharadas de crema agria
- taza de queso suizo rallado
- 1/2 de taza de jamón en cubos
- Sal y pimienta

- 4 tazas de harina común
- 8 cucharadas de mantequilla a temperatura ambiente
- 1/2 de taza de agua fría
- 2 cucharadita de sal
- Tres huevos

INSTRUCCIONES

1 Precaliente el horno a 450 grados Fahrenheit.

2 Comience con la masa.

3 En un cuenco grande, mezcle la harina de uso general y la sal. Añada la mantequilla y comience a amasar con las manos. A continuación, vierta el agua fría y amase durante unos minutos.

4 La masa está hecha cuando es homogénea y algo elástica.

5 Enharina la superficie de trabajo y extiende la masa con un rodillo.

6 Enrolle la masa hasta que sea lo suficientemente fina para que quepa en un molde para tartas, pero no demasiado gruesa.

7 Lo más probable es que le sobre masa; recorte el exceso de masa alrededor de los bordes del molde para tartas con un cuchillo.

8 Pinche la masa varias veces con un tenedor para que respire durante la cocción.

9 En un tazón grande, combine los huevos, la mitad y la mitad, la crema agria, la sal y la pimienta.

10 Bata. Mezclar con una espátula el jamón picado y el queso rallado.

11 Verter en la masa y hornear durante 8 10 minutos, o hasta que la parte superior esté dorada y el huevo esté cuajado.

12 Servir junto con una ensalada si se desea.

Rica Ensalada De Frutas Con Almendras

Ingredientes

- 4 cucharadas de almendras

- 4 cucharadas de glaseado sin grasa

- 2 taza de ensalada de frutas

Preparación

1 Combine todos los ingredientes en un tazón y vierta glaseado sobre la parte superior.

2 Servir y disfrutar.

3 Refrigere las sobras o congele hasta por un mes.

Judías Verdes Y Huevos

Ingrediente

- 1/2 taza de leche descremada
- Un pimiento, sin semillas
- Una cucharadita de aceite de oliva
- 1 taza de judías verdes
- ½ cucharadita de sal
- cinco huevos

Preparación

1. El pimiento debe cortarse y agregarse a las judías verdes.

2. Vierta el aceite de oliva en una sartén y agregue las verduras.

3. Revuelva con frecuencia y cocine por 5-10 minutos a fuego medio.

4. Mientras tanto, batir los huevos en un bol.

5. Se añade sal y leche desnatada a la mezcla de huevo. Mézclalo bien.

6. Vierta el huevo sobre las verduras y cocine a fuego medio durante 5-10 minutos.

7 Revuelva cuidadosamente los ingredientes para que los huevos y las verduras se mezclen bien.

8 Cocine por cuatro minutos más.

9 Revuelva nuevamente, luego vuelva a colocar la tapa.

10 Agregue cinco minutos más de tiempo de cocción a los huevos revueltos. Mézclalo una vez más.

11 Prepararlo.

Ensalada De Garbanzos Con Menta

Ingredientes

2 chalota picada

10 oz lavash

1 cucharadita de azúcar

1/2 tazajugo de limón

14 cucharadas de aceite de oliva

16 oz de tomates cherry partidos por la mitad

2 10 oz de garbanzos enlatados, escurridos y enjuagados 6 oz de queso feta desmenuzado

12 oz de guisantes cortados en cuartos y recortados

4 cucharadas de peppadew picado

6 oz de rúcula bebé

1/2 taza de menta fresca picada

Instrucciones

1 Precaliente el horno a 450 grados Fahrenheit con una rejilla en la posición central.

2 Hornee un lavash durante 10 minutos, luego deje enfriar.

3 Batir el jugo de limón en un tazón pequeño junto con el azúcar y la chalota; deje reposar 20 minutos, luego agregue la menta y el aceite de oliva.

4 En un tazón grande, mezcle la vinagretacon tomates, garbanzos y guisantes.

5 Crumble lavash sobre la parte superior.

6 Agregue la rúcula, los pimientos,y queso feta, y revuelva para mezclar todo bien. Atender.

Ensalada De Farro

Ingredientes

6 tazas de agua

Sal y pimienta a gusto

2 taza de farro

2 taza de aceitunas sin carozo 1 taza de cebolla picada

1 taza de zanahoria picada

1 taza de hinojo picado

1 taza de pepino cortadito en cuadraditos

2 taza de tomates cortados en cuadraditos

4 cucharadas de alcaparras

4 cucharadas de ajo molido

½ taza de aceite de oliva

½ taza de vinagre

4 cucharadas de menta picada

4 cucharadas de albahaca picada

Preparación

1. En una cacerola mediana colocar agua y un poco de sal y llevar al hervor. Agregar el farro y cocinar por unos 35 a 40 minutos

2. Bajar el fuego y cocinar por unos 20 minutos más
3. En una fuente coloque el farro con el resto de los ingredientes.
4. Condimente con sal y pimienta a gusto y mezcle bien.
5. Sirva

Shakshuka

Ingredientes

- Escamas de pimiento rojo - 2 pizca
- Sal y pimienta al gusto
- Tomates maduros - 12, picados
- Salsa de tomate - 1 taza
- Azúcar - 2 cdta.
- Huevos - 12
- Hojas de perejil fresco picado - ½ de taza

- Hojas de menta fresca picadas - ½ taza
- Aceite de oliva extra virgen - 6 cdas.
- Cebolla amarilla - 2 grande, picada
- Pimientos verdes - 2, picados
- Ajo - 4 dientes, picados
- cdta. de cilantro molido
- Pimentón dulce - 2 cdta.
- Comino molido - 1 tsp.

Instrucciones

1 Caliente el aceite en una sartén.

2 Agregue las cebollas, sal, pimienta, especias, ajo y pimientos verdes.

3 Saltee por 20 minutos o hasta que los vegetales estén suaves.

4 Agregue el azúcar, los tomates y la salsa.

5 Cocine a fuego lento de 20 a 25 minutos o hasta que la mezcla comience a reducirse.

6 Pruebe y ajuste la sazón.

7 Hacer 12 "pozos" en la mezcla con una cuchara.

8 Rompa un huevo en cada pocillo.

9 Bajar el fuego, tapar y cocinar a fuego lento hasta que las claras de huevo estén listas.

10 Destape y espolvoree con menta y perejil.

i. Servir.

Bolígrafos Con Brócoli

Ingredientes

Aceitunas Taggiasca al gusto

4 cucharadas rasas de queso parmesano

Sal al gusto Pimienta al gusto

1 col de brócoli de tamaño mediano

350 g. de Penne, 2 diente de ajo

4 cucharadas. de Aceite de Oliva Virgen Extra

Guindilla, 2 lata de atún, 80 gr.

Procedimiento

1. Limpiar los brócoli, reducirlos a floretes y escaldarlos durante 10 minutos.

2. Las escurrimos bien y luego las vertemos en una sartén con un chorrito de aceite en la que hemos dorado y luego sacamos un diente de ajo machacado y 1-5 guindillas secas.

3. Añadimos las aceitunas Taggiasca y dejamos cocer a fuego fuerte. Escurrir los penne al Chiodo y sumergirlos en la salsa.

4 Añadir un poco de agua de cocción de la pasta + 2 cucharadas de queso parmesano rallado.

5 Agregue pimienta al gusto y saltee la pasta en la salsa a fuego alto.

6 La Pasta Con Brócoli Y Atún está lista; servimos añadiendo el aliño reservado en los platos. ¡Disfrute de su comida!

www.ingramcontent.com/pod-product-compliance
Lightning Source LLC
Chambersburg PA
CBHW070333120526
44590CB00017B/2862